Sempé

L'INFORMATION

CONS

OMMATION

LA MAJORITÉ
C'EST VOUS

VOTEZ
VOTEZ
VOTEZ
VOTEZ
Sempé
Fév. 1967.

SGRUNCH
METTEZ UN GRRR DANS VOTRE MOTEURRRR
SUPER
GRRR VRRRR
VRRRRR

ZOU
ZIZOU
ZAZA
OUYOU
ZIZAYOU
ZOUZOU
ZAZA
MMMMM
MIAM MIAM
MIAM-MIAM
MIAM
MIAM
MIAM
sempé. 1967.

Pte DES LILAS
DEVENEZ ATTACHEE DE DIRECTION
ECOLE
SOLEIL
VACANCES
AU MAROC
15 JOURS...2.199 Frs
30 JOURS...3.999 Frs
AU BRÉSIL
15 JOURS...3.799 Frs
30 JOURS...5.899 Frs
CROISIERES
80% de CRÉDIT
c'est une formule JEUNE!!

MIEUX
VIVRE
FRAIS
JEUNE
SAIN
180 A L'HEURE
18 MOIS DE CREDIT
18.000 FRS

VIRIL
JEUNE

VIRIL
JEUNE

TION
ENNES

DIRE
POR
NEU
MON
SLIP
sempé.

I

2

3

6

7

4

5

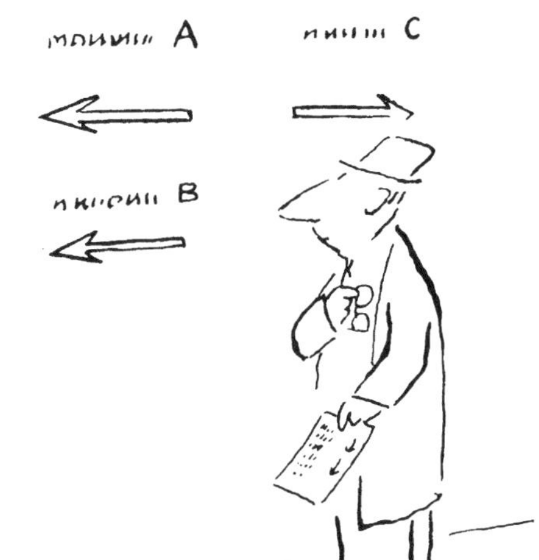

8

9

10

11

14

15

12

13

16

17

Sempé

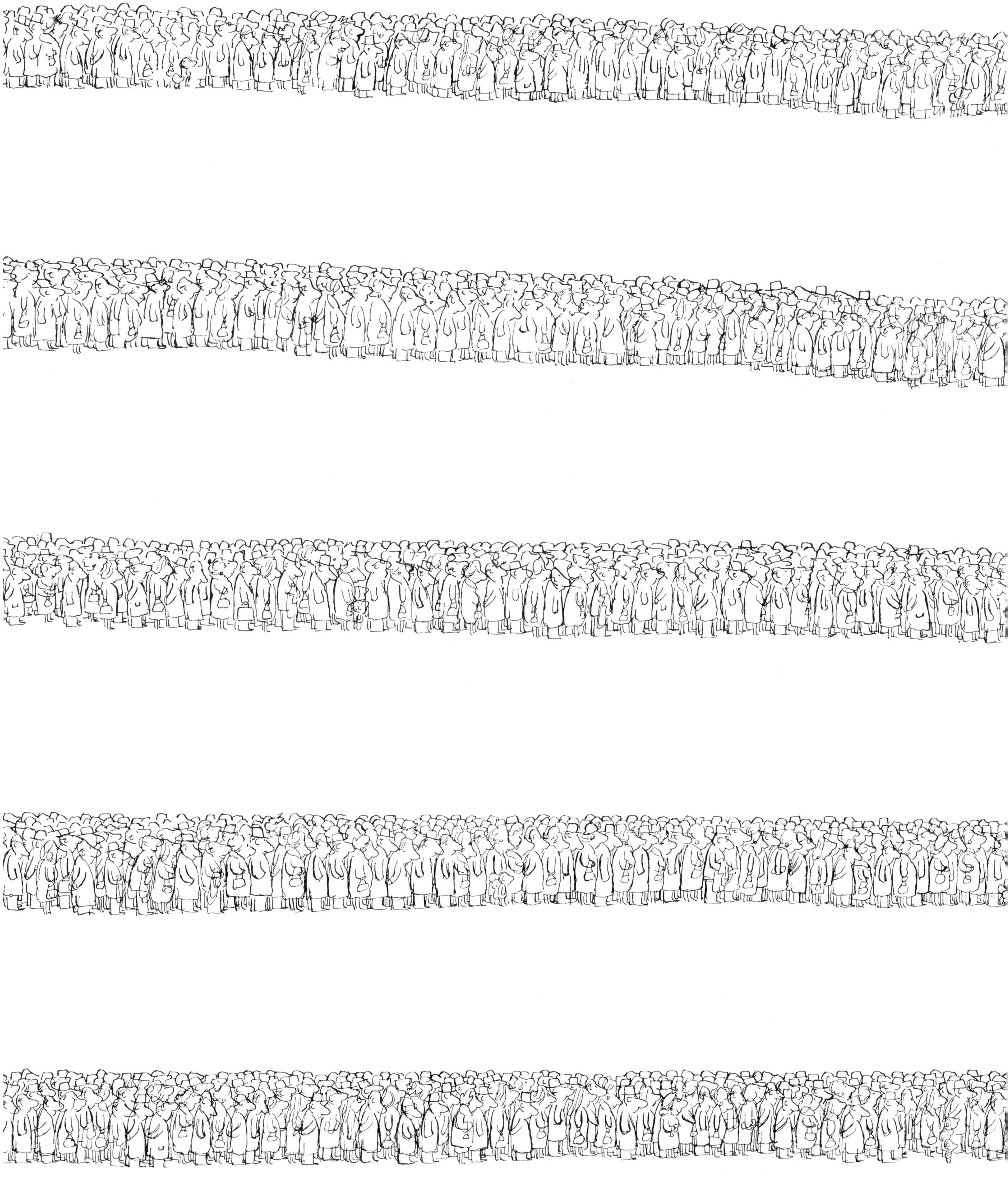

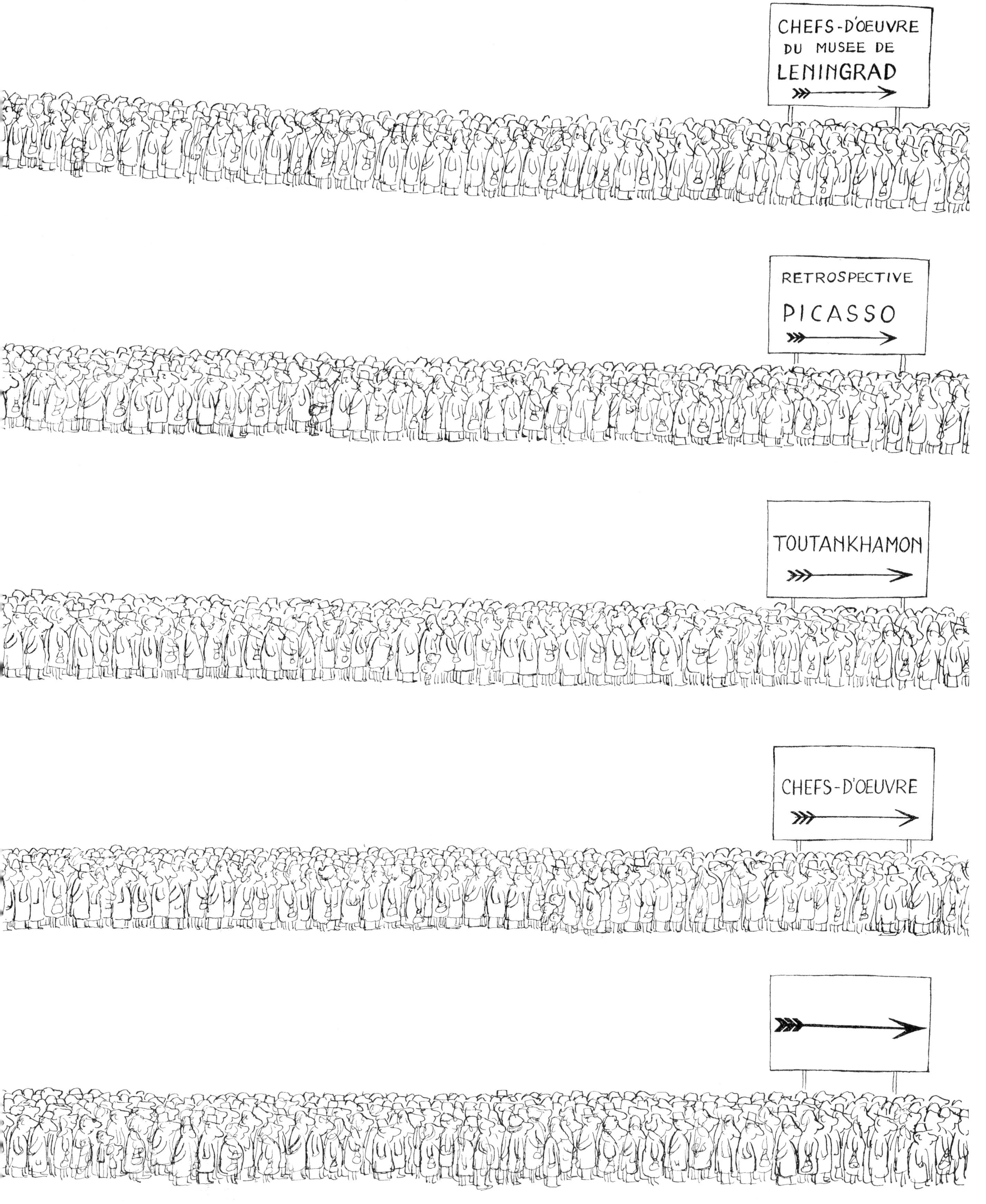
CHEFS-D'OEUVRE
DU MUSEE DE
LENINGRAD
RETROSPECTIVE
PICASSO
TOUTANKHAMON
CHEFS-D'OEUVRE

Comment ?.. Allô !.. Je vous entends très mal.. Allô.. oui ?.. Madame comment ? Madame LABOUME ça ?. comment ? Ah bon .. LAPOUMET... Excusez-moi, j'avais compris LABOUMET.. Eh bien Mad LABOUMET voilà la .. Allô ?.. Oh excusez-moi Madame .. donc je recommence : Madam MET (j'ai bien dit, cette fois...) voilà la question : Pouvez-vous me dire quel est le pré du 3ème frère de Mireille Mathieu ?.. Comment ? Allô.. oui... OUI !.. BRAVO ! avez gagné Madame LABOUMET... Excusez-moi, madame LAPOUMET.. Vous a gagné le SUPER-COFFRET SYMPAX, contenant 3 SUPER Flacons de SYMPAX
Mais c'est moi qui vous reme Madame et
MOQUETTEZ-VOUS
BONJOUR !!!
Vous avez entendu, chère Evelyne et cher Robert, sans oublier gros Loulou qui doit se trouver sur sa table aux multiples boutons dans sa cabine de prise de sons.. Vous avez entendu disais-je, nos amis TRAFILEX qui sont venus bien gentiment sur la place de l'Hotel de Ville nous dire Bonjour et participer à notre grand Jeu TRAFILEX
AJAX LE CHEVALIER BLANC
BONJOUR CHERS AMIS TRAFILEX
SAIN S SYMPL SYM POUR JEU ET CEU VEULEN RES
Allô ? oui Monsieur. Je vous entends très bien posez votre question.. En fait, Monsieur c'est une question délicate que vous me posez. JASMIN II est un excellent trotteur de 3 ans, qui dimanche dernier a remporté le Prix de Diane pour un rapport de 197 Francs pour un franc. Toutefois, par terrain lourd, JASMIN II n'est pas - à mon avis - un trotteur comparable à PIZZA ou même à ISABELLE II.
PARIS ici JEAN-CLAUDE PARMENTIER ! Allô très bien, très bien JEAN-CLAUDE PARMENTIER, ici ROBERT PASTOUREL, nous vous écoutons. Il fait beau là-bas ? - Il fait très beau, Robert PASTOUREL, et à Paris quel temps fait-il ? - Il fait beaucoup moins beau, JEAN-CLAUDE, il fait même très mauvais ! - Eh bien, Robert, je vais vous consoler.. Car, savez-vous qui est à mes côtés ? - Non, Jean-Claude. - Eh bien à mes côtés JEAN-CLAUDE BERNICHA est en train de sourire de toutes ses dents... - JEAN-CLAUDE BERNICHA est là ? Bonjour JEAN-CLAUDE ! - Bonjour Robert, Bonjour.. - Les deux JEAN-CLAUDE sont ensemble alo deux JEAN-CLAUDE sont ensemble, et ils envoient leur Bonjour à tous nos amis de f qui doit se trouver dans sa cabine du son je suppose) - Vous supposez juste, JEAN-CL Bébert est là dans sa cabine, et ils vous dit Bonjour (si vous pouviez le voir avec ça vaut le déplacement, je vous assure !..) - Je n'en doute pas, Robert PASTOUREL, bien maintenant nous allons commencer notre grand Jeu des Billets de 100 Francs. ravissante jeune fille qui s'appelle comment ? - Anne-Marie - C'est joli, Anne-Marie, Alors Anne-Marie voilà la première question : Quelle est la couleur préférée de ce sympathique chanteur que vous aimez sûrement : Adamo ?
MOQUETTEZ VOUS
Pour cela, il faut se reporter dans le contexte de ce match au sommet, au cours duquel la conception Révolutionnaire de notre Rugby Romantique et National a taillé de large brèches dans l'artillerie lourde galloise, et la Victoire
IL EST SEDUISANT IL EST MODERNE IL SCRUNCH !
SOUVERAINETE NATIONALE CULTURE
LA CHANSINETTE NOTRE GRAND JEU DES CHANSONS
Demandez la Carte Réponse dans tous les rayons des disquaires de MONOPRIX et UNIPRIX
Tiens.. Mais qui est-ce qui rentre dans le studio ? Mais c'est notre ami François François LAPARAT. Bonjour François Bonjour Herbert. Bonjour vous tous, comment allez-vous ? Bien. Très Bien. Je vous fais un gros poutou. C'est gentil ça, nous aussi on vous fait un gros poutou.
DU CACAO DU SUCRE, DES PHOSPHATES, DES VITAMINES DYNAMIQUE POUR TOUTE LA JOURNÉE BANANIA
SUPER 45 TOURS
Allô, Michel, ici JEAN-PIERRE ! Vous savez pas ce que c'est que les 3 J. Non Jean Pierre. - Eh bien Michel les 3 Jours, les 3 J des galeries Lafayette. Au rayon 20 ans un duffle-coat dans le vent au lieu de 190 Francs, 60 Francs. de SOLDES
IL EST 10H06 Minutes
ET LE DENTIFRICE SIGNAL PROTÈGE VOS DENTS 24 HEURES SUR 24
C'est facile de gagner 4 CV .. une SIMCA. il suffit d'aller au Stand Simca
5 FRANCS
BONJOUR LES AMIS !
Au nom de la Jeunesse
Au printemps on renaisse
Vive le Romantisme
le coeur reste à sa place
Je n'ai que la détresse
qui tient lieu de Fureur
Pour faire une Révolution
l'Amour est sans loi
GAINE PATES ALIMENTAIRES JAMBON ESSENCE 45 TOURS SOUTIEN GORGE

DEODORANT
PRINTAL
SOBRE!
FEMME LIBRE
FEMME MODERNE!
Dans le cadre de cette manifestation Européenne, et dans le contexte même de cette confrontation au sommet au cours de laquelle la conception Révolutionnaire du Marché de la Chanson Française
NE DITES PAS
IL EST SEDUISANT
DITES: IL A DU
SHELL
Vos enfants aussi
les amis de vos enfants remarqueront cette lueur JEUNE dans vos prunelles, Madame quand vous reviendrez
JEUNES
JEUNES!
grands magasins des
LA VRAIE
LESSIVE
BIOLOGIQUE
NOTRE SUPER JEU DES 300 FRANCS OFFERT PAR LUI,
JEUNE
Calme et tranquillité. Détente et Joie de Vivre. Dans un cadre charmeur. A trois minutes de la place de l'Etoile, à sept des cafés de l'Elite intellectuelle. Moquette livrée gratuitement en même temps que les clefs de votre appartement. Coin barbecue.
ILS SONT JEUNES
ILS S'AIMENT
ILS VIVENT
DANGEUREUSEMENT
Robert, les
oublier Bébert
effectivement,
aux oreilles,
Mesdames. IZOMAX est à votre service !! les techniciens les ingénieurs IZOMAX ont réussi à incorporer dans le minuscule particule de regenorechlorophène WH 116, un SUPER Régénérant le SUPER IZOMAX
C'est une REVOLUTION!
une vrai REVOLUTION dans le domaine de la vie quotidienne d'une ménagère!!
C'est le quart
Monsieur
Bonjour Monsieur
Bonjour
LUX-VAISSELLE
EMBELLIT VOS MAINS!
ARIEL
LA REVOLUTION
LESSIVE
grâce au Enzymex X22 à l'Exachlorophène qui attaque les structures rigides de la saleté
ARIEL!
Vous êtes moderne? Vous êtes dans le coup. Vous êtes dans le vent?
sempé

Ah! voilà Maurice! notre cher Biraud notre Tonton Bi-bi Bonjour Bi-bi..
Qu'est-ce qu'on lui fait à Bi-bi ?
Une bi-bise une grosse bi-bise à Bi-bi..
à Bi-bi ?
bise rosse bi-bise à Bi-bi ?
Bi-bi
Ah! voilà Maurice! notre cher Biraud notre Tonton Bi-bi Bonjour Bi-bi
Qu'est-ce qu'on lui fait à Bi-bi ?
Une bi-bise une grosse bi-bise à Bi-bi
jour Bi-bi
Bi-bi ?
Bi-bi
Bi-bi ?
bi-bise bi-bis Bi-bi
Bi-bi
Ah! voilà Maurice! notre cher Biraud notre Tonton Bi-bi Bonjour Bi-bi
Qu'est-ce qu'on lui fait à Bi-bi ?
Une bi-bise une grosse bi-bise à Bi-bi
Bi-bi bi-bise
Bi-bi ?
bi-bise Bi-bi
Ah! voilà Maurice! notre cher Biraud notre Tonton Bi-bi Bonjour Bi-bi
Qu'est-ce qu'on lui fait à Bi-bi ?
Une bi-bise une grosse bi-bise à Bi-bi
voilà Maurice! cher Biraud Tonton Bi-bi
bi-bise
fait Bi-bi ?
Bi-bise
Une bi-bise une grosse bi-bise à Bi-bi
bi-bise à Bi-bi

C'est pas une bonne nouvelle ça ? C'est une bonne nouvelle hein ? une bonne nouvelle pour toi et pour tous les copains, hein ?.. Mais dis-moi, John. C'est pas la première fois que tu es en tête du Hit-parade des Chaussettes Michel-Ange ? — Non. C'est la troisième fois. — Ca représente une vente de combien ? Au moins trois cent mille disques non ? — Trois cent - quatre cent mille environ oui.. C'est à dire que "No Money" a fait quatre cent mille. Et "Seul, tu seras toujours seul avec ton Cheval" a fait trois cent cinquante mille.. — C'est joli.. Ça fait une Rolls.. hein ? pourquoi tu ris, John ?.. Qu'est-ce que tu as comme voiture ?
— Une Bentley..
— Une Bentley ?.. Tiens.. pourtant il me semble bien t'avoir vu, au Festival de SAN-REMO au volant d'une somptueuse Rolls.. il n'y avait pas que la Rolls qui était somptueuse d'ailleurs.. la jeune personne qui (tu vois, John, qu'on ne me cache.. qu'on ne peut rien me cacher..) était à tes côtés était aussi somptueuse que la Rolls.. Pourquoi tu ris comme ça, John ?..
— Tu dis qu'on ne peut rien te cacher, ça c'est peut-être vrai, mais ce qui est vrai aussi c'est que tu peux te tromper : A SAN REMO je n'étais pas en compagnie d'une somptueuse - comme tu dis - blonde qui..
— Mais.. je n'ai jamais dit qu'elle était blonde !.. Elle était brune !
— Tu m'as eu..
— Oui je t'ai eu John, et je continue à t'avoir : la blonde c'était à la Rose d'Or d'Antibes.. Tu avoues ?.. il avoue !.. Et à Antibes, oui c'était une Bentley.. Nous y arrivons : à SAN REMO, la Rolls et la Brune, et à ANTIBES la blonde et la BENTLEY.. Et à Paris, je ne sais pas encore, mais ça ne saurait tarder... Mais revenons-en à ton dernier Super-45 Tours,...

— Il y a dans tes chansons, Jeff, des thèmes, des interrogations, que l'on retrouve souvent : l'absolu, l'absurde, le refus du conditionnement, l'horreur des conventions… Est-ce que cette dialectique correspond à une remise en question de la vie ou à un constat quasi révolté de la solitude humaine ?…

sempé

CINE. LUX

LES JEUNES N'ONT PLUS DE MORALE
LES JEUNES ET LE SEXE
LES JEUNES ONT-ILS ENCORE UNE MORALE?

— Et, à huit heures cinq, alors que jamais Père ne toléra le moindre retard pour le dîner, André – oncle André, maintenant – arriva. Père ne lui adressa pas le moindre regard. Ce n'est qu'au bout d'un certain temps qu'Anne – tante Anne – et moi-même nous aperçûmes qu'André avait omis, à dessein, un de ses boutons de manchette et que, s'étant collé un petit morceau de papier argenté sur deux ou trois dents, ça lui donnait quand il souriait un air du plus haut comique… Je t'ai conté cette anecdote afin de te montrer que, nous aussi, nous avons fait les quatre cents coups et que nous sommes à même, si tu le désires, de te comprendre…

sempé.

L'USURE PHYSIQUE ET INTEL-LECTUELLE COMMENCE ENTRE 30 ET 40 ANS
TOUT SUR LE SCANDA
JA
NUE.
B.B
SANTÉ
SEXUALIT
OU EN EST LA CONS-TRUCTION
OP!
NEW

1

2

RIMBAUD
GOYA
BALZA
HUGO
les Arts la revue de l'Elite
Picasso

6

7

11

$a^2 + b^2 = ?$

12

3

4

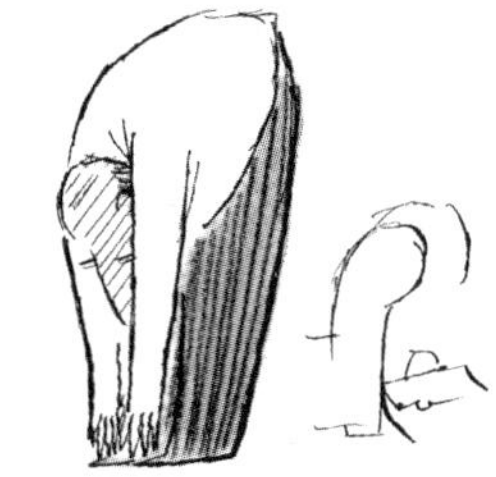

5

8

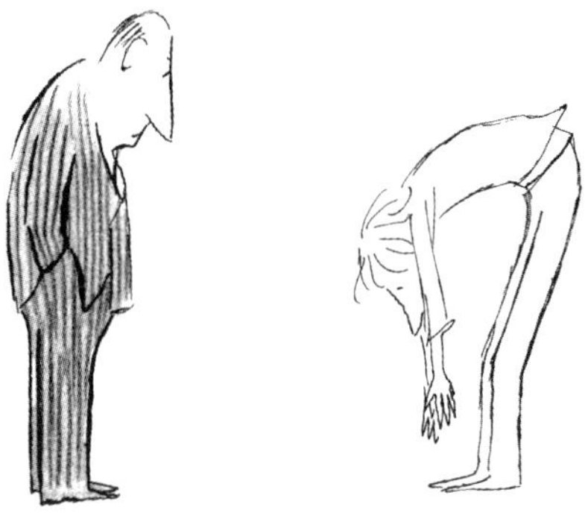

9

10

13

14

15

SUPER
SUPER SOLDES
TOUT DOIT DISPARAIT
FEMME
FEMME LIBRE

TCHAC!! KRATCH!!
SUPER FEMME!
NOUS SOMMES DES SUPER FEMMES

Je trouve ça un peu con, moi...
Evidemment que c'est con ! Mais il faut choisir coco : ou on fait un journal pour des cons et on leur donne de la connerie ou..
Je suis d'accord, mais il y a des degrés dans la connerie, et moi, je trouve ça un peu con.. trop con..
Je vais te dire. En fait c'est pas assez con. Voilà ce qui cloche, c'est que c'est pas assez con.
C'est ce que je pensais. Ça c'est de la connerie, mais de la connerie au deuxième degré. Il vaudrait mieux de la connerie plus directe.
Le premier degré, il y a que ça. Surtout en ce qui concerne la connerie !..
C'st pas con ce que tu dis là
L'AMOUR A LA SUEDOISE
XUEL ?
NOTRE NUMERO SPECIAL
LA DUCHESS WINDSOR
NOTRE TEST: ETES-VOUS "IN" ?
Le ROMAN d'AMOUR de La Petite Fée de la Chanson
ILS S'AIMENT
Sempé. 1968.

1

2

6

7

8

11

12

13

3

4

5

9

10

14

15

16

GAINE
JEUNE
SEXE
NOUVEAU
UNE GRANDE ENQUETE
ETES-VOUS SATISFAIT DE VOTRE VIE SEXUELLE ?
AMOUR
Tu parles!
Tu parles!
SATISFAIT DE VOTRE VIE SEXUELLE ?

I

MON SEXE ?
NOUS.
A!
UNE GRANDE ENQUÊTE TEST
SI L'OCCASION SE PRESENTAIT CHANGERIEZ-VOUS DE VIE ?
TIERCÉ
NOUS
JEUNE!
SEX
SEXE
JEUNE!
Tout de suite!
Tout de suite!

3

UNE GRANDE ENQUÊTE
DANS VOTRE MÉNAGE
MANQUEZ-VOUS DE LIBERTÉ?
VOUS SENTEZ-VOUS "LIGOTÉ"
SEXE
Et comment!
Et comment!

2

TOUT!
TOUT!
QU'AIMERIEZ-VOUS CHANGER DANS VOTRE VIE
JEUNE
JEUNE
SEXE
SEXE
JARDIN FRANÇAIS
QU'AIMERIEZ-VOUS CHANGER DANS VOTRE VIE?

4

PAS DU TOUT !
PAS DU TOUT !
DANS VOTRE COUPLE PENSEZ-VOUS LES MEMES CHOSES ? ?
UNE ENQUÊTE DU
LA FRANCE EST-ELLE DÉPOLITISÉE ?
DANS COUPL PENSEZ- LES ME CHOSE
sempé.

QUINZAINE DU LIVRE
VENTE ANNUELLE
AU PROFIT
DES
ECRIVAINS
LA FOULE
700 MILLIONS DE CHINOIS
LES MINORITÉS SEXUELLES
sempé

AU
1er ETAGE
LIVRES

— Je vous envie beaucoup. J'aurais tellement voulu faire, comme vous, un livre. Avoir l'impression de sortir de la masse.

Gd BAZAR DU 6e
SACHA GUITRY
CASINO DE PARIS
THEATRE
KNOCK
GUY L'ECLAIR
BICOT PRÉSIDENT DE CLUB
LES PIEDS NICKELÉS
ZIG et PUCE
L'ELITE
la librairie de l'élite
COLETTE
MAUROIS
François MAURIAC
GIDE
BRETON
323 HT

SUPER BAZ'
L'ELITE
la librairie de l'elite
IONESCO
ARRABAL
LE CIMETIERE DES VOITURES
POCHE
BRETON
GIDE
MAURIAC
POCHE
TARZAN
GUY L'ECLAIR
SPLATCH
ZIG et PUCE
LES PIEDS NICKELÉS
BICOT PRESIDENT DE CLUB
sempé

1

2

3

4

5

6

7

8

P.DARAS (La Gazette des Arts)... ★★
NIAWSKI (Art News)...... ★★
BRO (La Vie Artistique)..... ★★★
OS (Nouvelles des Arts).... ★★
OLLAN (Cahiers de l'Art)..... ★★★
P. DARAS (La Gazette des Arts)..... ★★★
Xavier LAPOMIAWSKI (Art News).... ★
Paul DEBRO (la Vie Artistique)..... ★★
A.M. JULOS (Nouvelles des Arts)..... ★★★
René ROLLAN (Cahiers de l'Art)..... ★★
Sempé

1

2

5

6

9

10

3

4

7

8

11

12

13

14

15

16

17 

18 

19 

..."Allez, on y va. Vous répondez rapidement s'il vous plaît, car nous n'avons plus qu'une ou deux minutes de pellicule. Je voudrais vous demander ceci : Que pensez-vous de l'individualisme – de la conception de l'individualisme – face à la Civilisation de Masse, et, pensez-vous que le Freudisme contribue à aliéner l'individu au profit de la Société, et, dans l'affirmative, quels sont les moyens dont dispose l'individu face à ce conditionnement ? l'individu doit-il se déculpabiliser pour se libérer, mais en même temps, par la prise de conscience, être utile à la Société ? Dans ce cas, l'individualisme, la désaliénation, le déconditionnement, ont des frontières très floues que nous aimerions vous voir préciser..
Moteur !..."

STUDIO
A3
ORTF

— Et maintenant, voudriez-vous nous composer quelques vers ?…

3

4

7

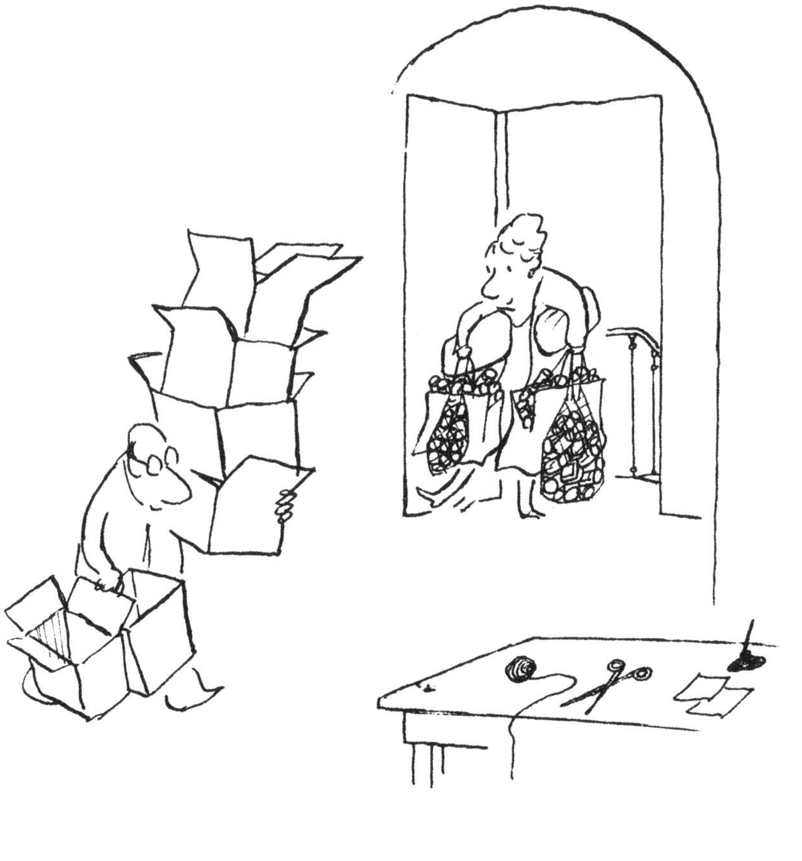

8

1

2

5

6

9

10

PETITS POIS
HARICOTS
PATÉ
HARICOTS VERTS
SAUCE TOMATE
SARDINES
THON A L'HUILE
SUCRE
sempé.

Sempé.
1967.

— Inutile, Charles-David Wernher, de vous présenter à nos téléspectateurs. Tout le monde connaît le romancier, l'essayiste, le pamphlétaire (vos joutes avec André Gide sont encore dans toutes les mémoires), le scientifique (vous êtes l'intime de Brigdway, le disciple d'Einstein). Vous avez très bien connu Einstein, d'ailleurs, l'homme d'action (votre livre sur la guerre d'Espagne est autobiographique), vous êtes à l'origine du mouvement néofiguratif qui, dans les années 1948-1950, a révolutionné l'art, et votre influence au sein de la N.R.F. est de notoriété publique. Aussi, Charles-David Wernher, la première question qui se pose est : combien gagnez-vous par mois ?

1 « … *Au Vietnam, le nombre de morts, après la bataille de Pnem-Thiam, s'élève à 12 000. La menace d'un conflit mondial s'aggrave de jour en jour…*

2 *… Aux U.S.A., reprise des expériences nucléaires. "La bombe H qui sera expérimentée demain est deux fois plus puissante que la bombe chinoise", a déclaré un porte-parole américain. De leur côté, les Russes…*

5 *À Stöbjtel, en Yougoslavie, c'est le désarroi le plus complet à la suite des inondations catastrophiques dues à la rupture d'un barrage. On a dénombré jusqu'à présent 930 victimes, mais la liste, hélas, s'allonge d'heure en heure…*

6 *… Les bagarres qui ont eu lieu hier entre manifestants et service d'ordre, dans le bassin d'Ouzeville, ont fait quatre morts et quarante et un blessés.*
Rappelons que les manifestants réclament du travail après la fermeture du bassin houiller…

3 *… annoncent que leur système de défense est tel qu'il leur serait possible d'anéantir n'importe quelle nation dans les deux minutes qui suivraient une attaque contre leur propre pays…*

4 *… Lima : l'épidémie de choléra qui sévit actuellement au Pérou a fait jusqu'à présent 1 200 victimes. Malgré les secours qui affluent de toutes parts, une aggravation de la situation est à craindre…*

7 *… À Paris, rue Mantenau, dans le XIVe, un immeuble en construction s'est effondré. On ignore les causes de cet accident qui a fait un mort et six blessés graves. Enfin, voici en cet après-midi…*

8 *… doux et ensoleillé, l'état des routes. Sur la nationale 8, la circulation est dense, et on signale entre Civray et Villemomble quelques bouchons. Circulation très dense aussi pour les départementales 187, 172 et 94… On signale, près de Ris-Orangis, quelques embouteillages et… »*

sempé.

1

2

5

6

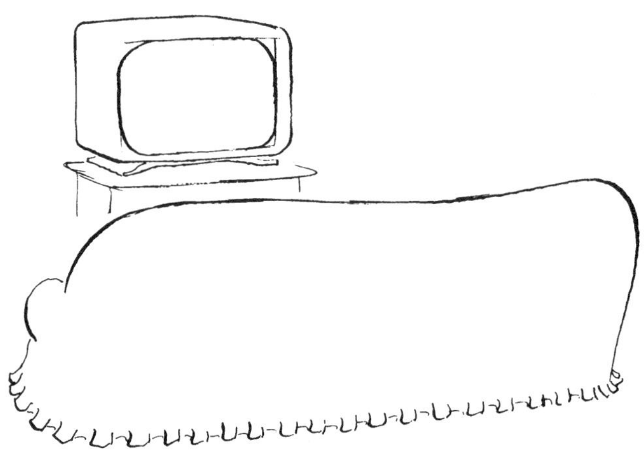

9

10

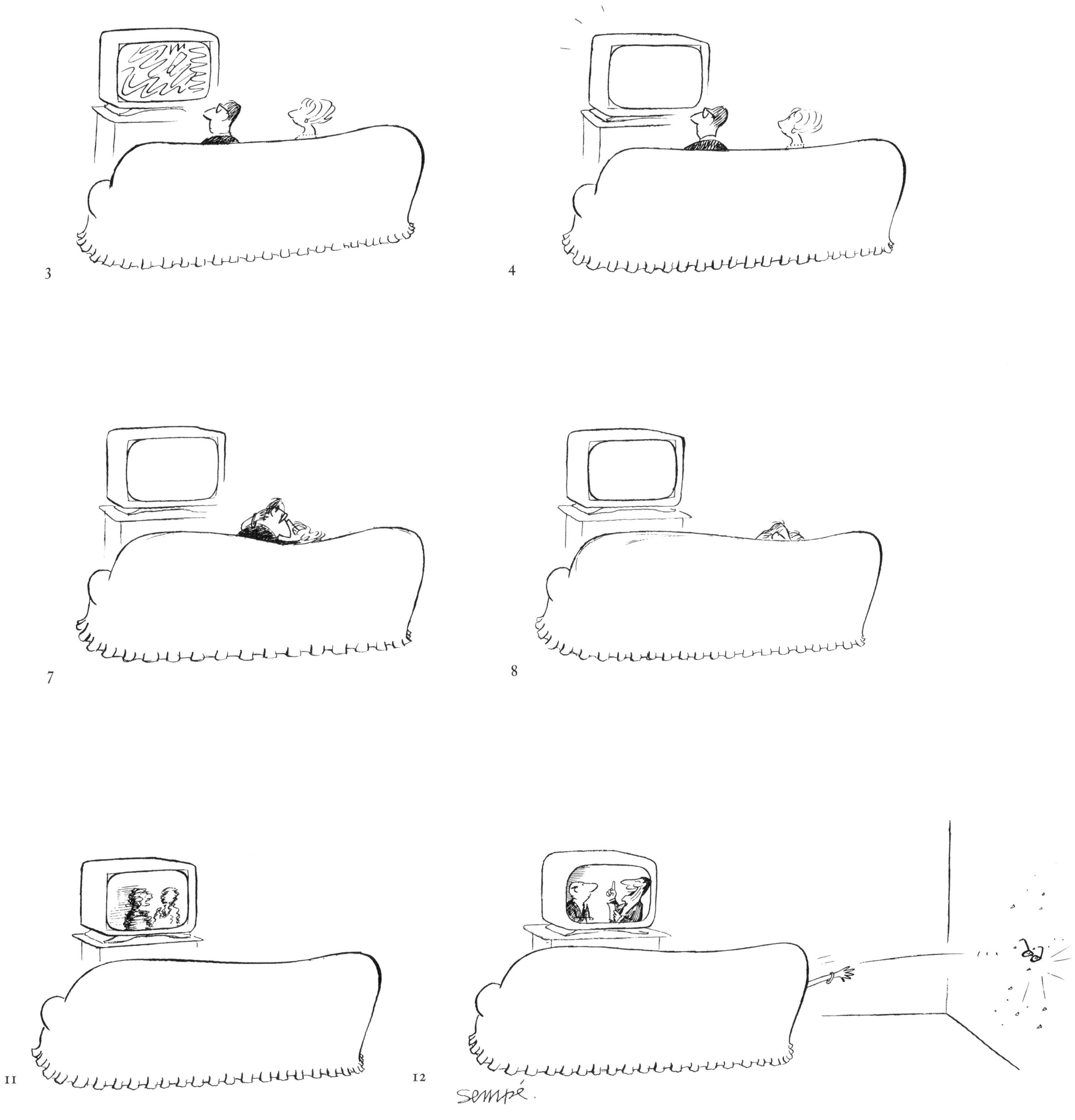
3
4
7
8
11
12
sempé.

A1
A2
4
TV

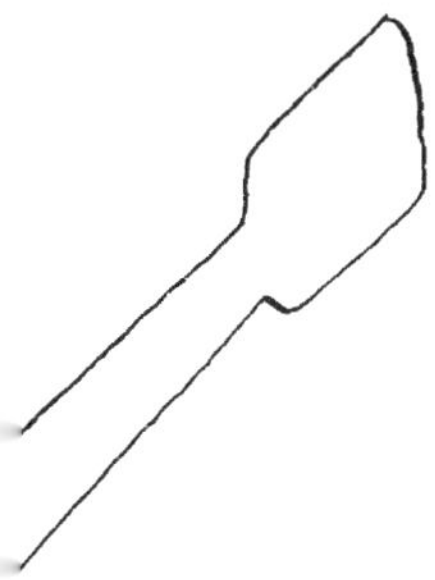

— En vous rappelant que le tiercé de la chanson, cette semaine, est de 5-4-2, je voudrais maintenant vous présenter l'équipe de savants et de chercheurs du C.N.R.E.F. qui a mis au point la calculatrice IBM H 22 et leur adresser un grand, un très grand bravo. C'est en effet grâce à eux que, en moins de trente secondes, nous avons pu savoir que Mon corps et ton corps ne font qu'un corps *a obtenu 27 293 voix ;* Il est baba pépé quand il voit mon papeau, *21 272 voix, et* Youbi-youba zouba ronron, *19 387 voix.*

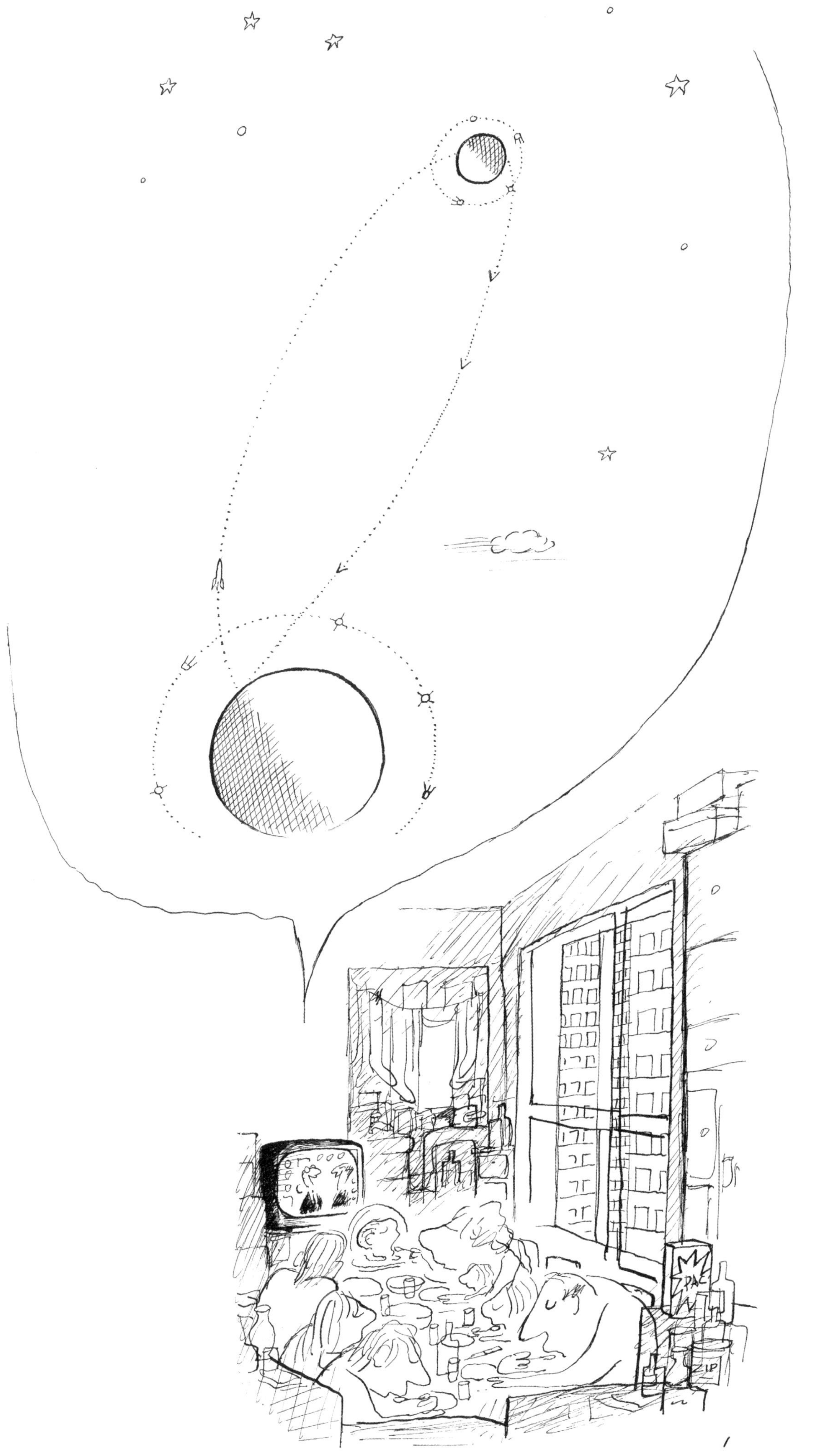
sempé

PARTI COMMUN
VOTEZ UD Ve
VOTEZ UD Ve
PAUL
NOUV
STABILI
INDEPEN
FRANCE
POUR
JEAN
BOUL
NOUVE
EPUBLIQUE
DEFENSE
REPUBLIQU
RENE
PSU
J.PAULOU
VOTEZ
UDV

I

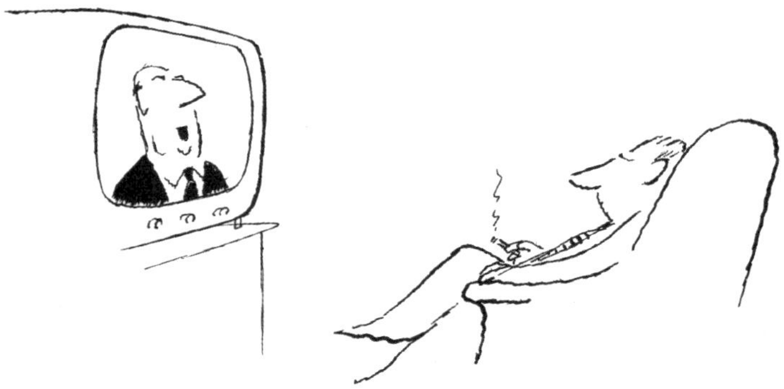

2

3

6

7

4

5

8

9

10

11

12

13

14

15

16

1

2

3

GRAND HOTEL DE LA VILLE

11

12

13

14

1

2

3

5

6

4

7

8

Sempé

VIE LIBRE
VIE JEUNE
AVEC
YOUNG
PASSEZ
PASSEZ

FRAICHEUR
SANTE
FRAICHEUR
SANTE

RAICHEUR
SANTE
DIRECTION
PORTE

HEUREUX
HEUREUX !
HEUREUX
HEUREUX !
HEUREUX !

L'INTOX VIENT A DOMICILE
LA POLICE A L'O.R.T.F.
LA POLICE CHEZ VOUS
CRS=SS
NON AU POUVOIR PERSONNE
ACHETEZ PLUS VOUS VIVREZ MOINS
SOYEZ LIBRE!

NON A LA REPRESSION
CRS=SS
CRS=SS
NOUS SOMMES TOUS DES JUIFS ALLEMANDS

SPÉCIALEMENT ÉTUDIÉ POUR LES JEUNES
VRAIMENT JEUNES
ACTIFS
DYNAMIQUES
DÉCHAINÉS
ZOUM ZOUM
AU SUPER ENERGICOL

3

4

Spécialement étudié
pour les Jeunes
Vraiment
Jeunes
Actifs
Travailleurs
ZOUM
ZOUM
AU SUPER ENERGICOL
Sempé

Bon. Très bien. Vous voulez faire la Révolution. Après tout pourquoi pas ? Alors allez-y : quel est votre programme ? car vous devez avoir un programme bien entendu..

Ne croyez-vous pas qu'il est temps, en ces temps de discorde, de ramener les brebis égarées auprès de notre Berger, au sein de la Sainte Église Apostolique et Romaine ?..

c'est des névrosés..

sempé.

— Mais madame, voilà mes papiers. Vous pourrez voir que mon nom s'orthographie comme sur l'annuaire où vous avez trouvé mon numéro ; je m'appelle réellement M. Cohn-Bendit.

1

2

6

7

8

11

12

3

4

5

9

10

13

14

Sempé

I

2

3

6

7

4

5

8

9

10

11

12

13

NUIT DES ELECTIONS 1968
législatives
RESULTATS
1968
GLACES
MORGON
Sempé

Sempé.

Sempé Oct. 1968.

— Alors ça y est, Mathilde, vous aussi : en plein dans la civilisation de consommation.

— Vous l'avez fait relier, le vôtre ?

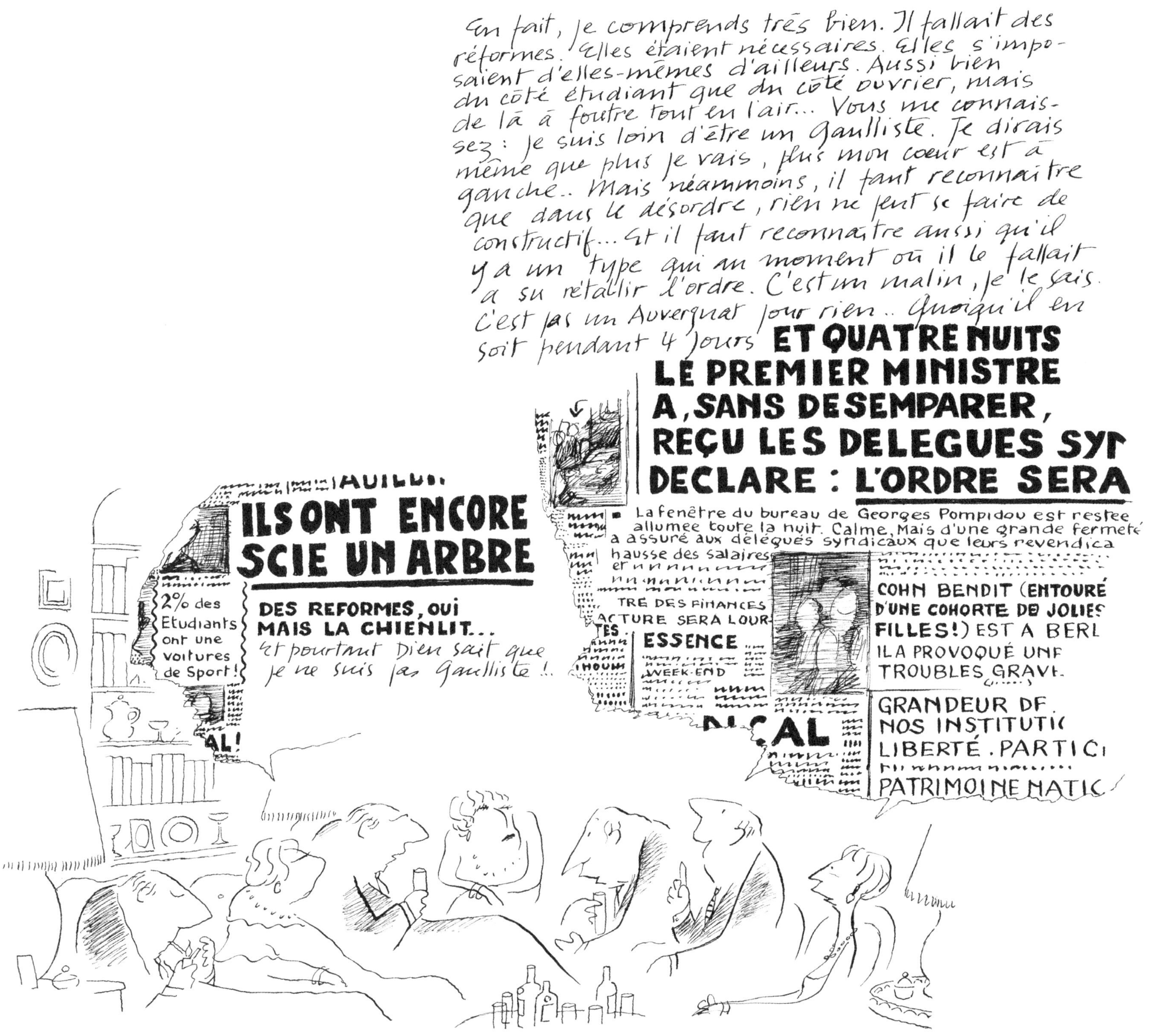
En fait, je comprends très bien. Il fallait des réformes. Elles étaient nécessaires. Elles s'imposaient d'elles-mêmes d'ailleurs. Aussi bien du côté étudiant que du côté ouvrier, mais de là à foutre tout en l'air... Vous me connaissez : je suis loin d'être un Gaulliste. Je dirais même que plus je vais, plus mon coeur est à gauche.. Mais néanmoins, il faut reconnaître que dans le désordre, rien ne peut se faire de constructif... Et il faut reconnaître aussi qu'il y a un type qui au moment où il le fallait a su rétablir l'ordre. C'est un malin, je le sais. C'est pas un Auvergnat pour rien.. Quoiqu'il en soit pendant 4 jours
ET QUATRE NUITS LE PREMIER MINISTRE A, SANS DESEMPARER, REÇU LES DELEGUES SYr DECLARE : L'ORDRE SERA
La fenêtre du bureau de Georges Pompidou est restée allumée toute la nuit. Calme, Mais d'une grande fermeté a assuré aux délégués syndicaux que leurs revendica hausse des salaires
TRE DES FINANCES
ACTURE SERA LOUR
ESSENCE
WEEK-END
COHN BENDIT (ENTOURÉ D'UNE COHORTE DE JOLIES FILLES!) EST A BERL IL A PROVOQUÉ UNE TROUBLES GRAVE
GRANDEUR DE NOS INSTITUTIC LIBERTÉ . PARTICI PATRIMOINE NATIC
NIÇAL
ILS ONT ENCORE SCIE UN ARBRE
2% des Etudiants ont une voitures de Sport !
DES REFORMES, OUI MAIS LA CHIENLIT...
Et pourtant Dieu sait que je ne suis pas Gaulliste !..
AL!

IL EST JEUNE
MODERNE
SPORTIF
TOUT LUI REUSSIT!
IL EST SEDUISANT
DANS LE VENT
13
IL EST "TCHIC"
TCHIC
SUPER DEODORANT
sempé.

— C'est bon. C'est très bon. Mais il faut faire comprendre par quelque chose qu'il est aussi de gauche.

CONSTRUCTION
APPARTEMENTS
GRAND STANDING
AVEC 90.000 N.F.
CREDIT 70%

En matière d'Information, il y a une règle d'or sur laquelle je ne transigerai jamais. JAMAIS :

c'est vendre

Inédits, études et variantes

SCRUTIN
SUFFRAGE UNIVERSEL
NATIONALE
LA RESERVE DES DEVISES DE LA BANQUE DE FRANCE
VOUS DONNE DROIT A UN BON DE PARTICIPATION
LE SUPER TIERCE DE LA CHANSON
VOUS AVEZ GAGNE 200 FRANCS
SMIC
SPLATCH
5%
CULTURE
SUPER
TOURS
SUPER CONCOURS
LA FORCE DE FRAPPE
NOTRE RUGBY
REVOLUTION
GRAND GALA DE LA CHANSON FRANÇAISE
BRAVO VOUS AVEZ GAGNE
DEFENSE DU PATRIMOINE NATIONAL
RAYONNEMENT DE LA PENSEE FRANÇAISE
BOURGEOISIE

VIOLENCE
MUTATION
SEMANTIQUE
RECYCLAGE
DIALECTIQUE
CULTURE
SUBVERSION
TECHNOCRATE
AU PYRALAUMÈNE
SUPER ACTIVE
X 27
EXTRA
SUPER
S.L.C.
STAFF
Donc, cela correspond chez vous à une totale remise en question ?
Absolument ! l'Art doit être une remise en question, une contestation permanente
c'est un désir d'établir un dialogue
PSYCHANALYTIQUE
PSYCHEDELIQUE
PSYCHIQUE
PSYCHOLOGIE
DEMAGOGIE
C'est une Bonne chanson, parce que c'est une chanson engagée. Une chanson contre la civilisation de consommation.
Il en est à combien ton dernier disque ?
il marche très bien 250.000
SUPERSTRUCTURE
STRUCTURALISME
oui, pour moi, l'amour c'est très important. On ne peut pas vivre sans amour.
SCRAOUTCH
MOQUETTEZ-VOUS
EROTISME
JEUNE !
IN
OUT
C.I.A
C.F.D.T
J.C.R.
U.D.V
e
S.L.C
Je le dis tout de suite : Halte à la démagogie, à l'anarchie, à la subv
ON NE DIT PAS : IL EST BEAU. ON DIT : IL ES SHICK.
SHICK L'EAU DE TOILETTE SUPER SHICK
SUPER
C'est une démarche spécifiquement philosophique mais qui se situe dans un contexte politique. Et on peut même dire que dans son élaboration, dans son concept métaphysique, il y a une remise en question de tout un système dialectique qui
Un slip viril pour les vrais hommes. En fibres de polythélatex WH 16 coque galbée traitée au synothetral H22
LE DEODORANT
SEXUEL
POLYSTRUCTURÉ
SUPER
VIRIL
SUFFRAGE UNIVERSEL
PROVOCATION
PARTICIPATION
GROUPUSCULE
les Réformes je suis d'accord il fallait des Réformes Mais de là à tout casser !
Je suis absolument d'accord les Réformes elles étaient nécessaires.

YOUPI
3,93

NON A
LA RETRAITE
ANTICIPÉE

Sempé.

NON
A LA
SOCIETE DE
CONSOMMATION

EPICERIE
COMESTIBLES
Beurre Oeufs Fromage
sempé

Pte DES LILAS
DEVENEZ ATTACHÉ DE DIRECTION
VACANCES
AU BRESIL
15 JOURS... 3990 F
30 JOURS... 5990 F
AU MAROC
15 JOURS... 2190 F
30 JOURS.. 3990 F
RESIDENCE D'AUTEUIL
GRAND STANDING
APPT 3P. 190 000 FRS
4P. 240 000 FRS
STUDIO 99 000
CREDIT... 3%
C'EST UNE FORMULE JEUNE

FRAIS
SAIN
JEUNE
180 A L'HEURE
18 MOIS DE GARANTIE
MOIS DE CREDIT
18000 FRS

IL EST
JEUNE
SEDUISANT
TCHIC
TOUT
LUI REUSSIT
DANS
LE
VENT
13
IL EST
TCHIC

CULTURE
EROTISME
SUPER 45 TOURS

APPARTEMENT SUPER GRAND STANDING et 5 PIECES COIN BARBECUE SUPERSTRUCTURES A TROIS MINUTES DE L'ETOILE A SEPT MINUTES DES CAFES DE L'ELITE INTELLECTUELLE
MMMMM SCROUNCH
CULTURE
EROTISME
SUPER 45 TOURS
SOUTIEN GORGE
GAINE CULOTTE
YOUNG SOUTIEN GORGE
JEUNE
JULIE DE 6 à 9
SLIP JEUNE VIRIL POUR LES VRAIS HOMMES
PAPA EST JEUNE. IL FAUT LUI FAIRE UN CADEAU JEUNE POUR LA FÊTE DES JEUNES PAPAS
MOUTARDE POUR UNE CUISINE JEUNE
SPECIALEMENT ETUDIÉ POUR LES JEUNES
POUR CEUX QUI VEULENT LE RESTER
UN FILM EROTIQUE NON STOP
POUR LES JEUNES! NOUS AVONS MIS AU POINT AUSSI UN EXCELLENT SUPER SAUCISSON SUPER PUR PORC

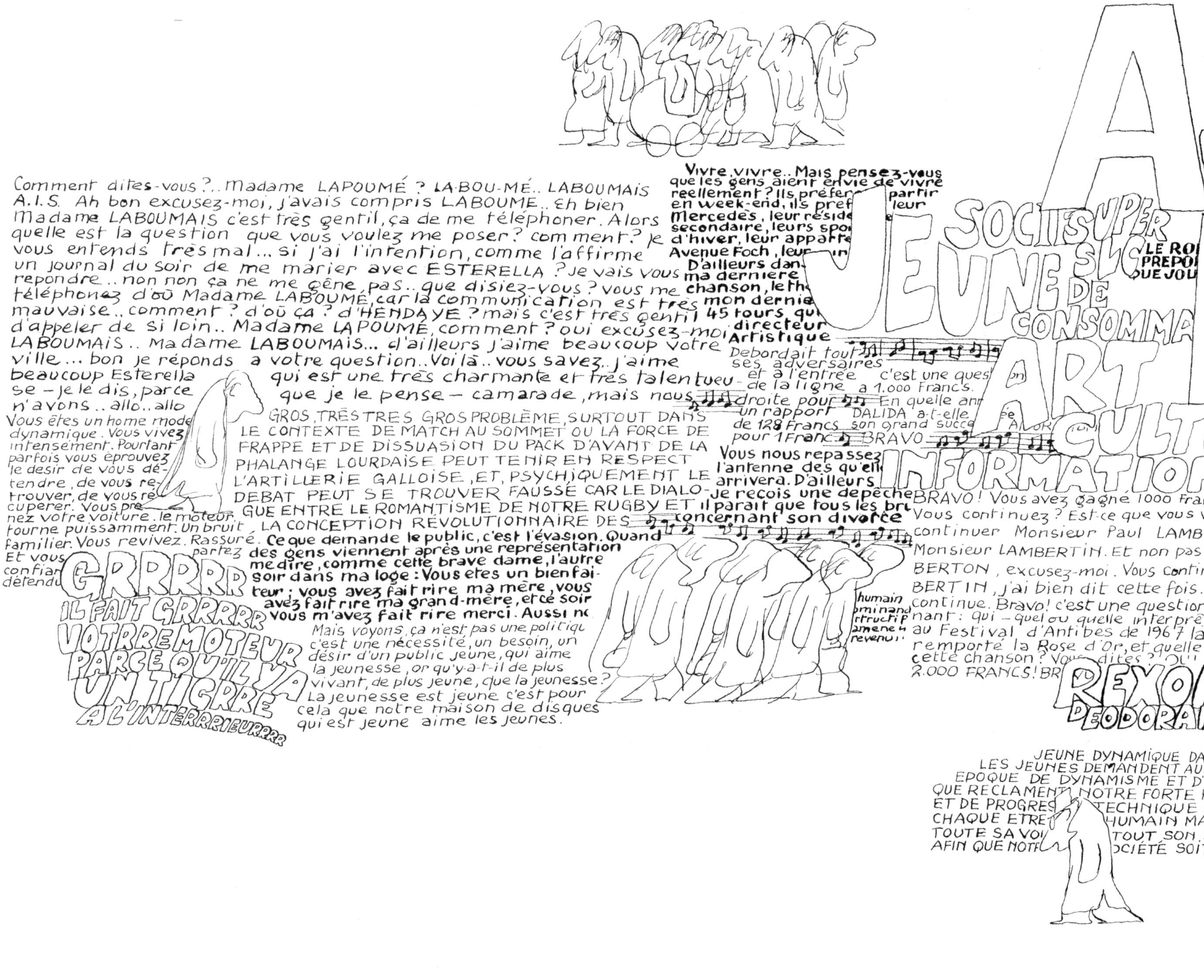

Comment dites-vous ?.. Madame LAPOUMÉ ? LA-BOU-MÉ.. LABOUMAIS A.I.S. Ah bon excusez-moi, j'avais compris LABOUME.. eh bien Madame LABOUMAIS c'est très gentil, ça de me téléphoner. Alors quelle est la question que vous voulez me poser ? comment ? je vous entends très mal... si j'ai l'intention, comme l'affirme un journal du soir de me marier avec ESTERELLA ? Je vais vous repondre.. non non ça ne me gêne pas.. que disiez-vous ? vous me téléphonez d'où Madame LABOUMÉ, car la communication est très mauvaise.. comment ? d'où ça ? d'HENDAYE ? mais c'est très gentil d'appeler de si loin.. Madame LAPOUMÉ, comment ? oui excusez-moi LABOUMAIS.. Madame LABOUMAIS... d'ailleurs j'aime beaucoup votre ville... bon je réponds à votre question.. Voilà.. vous savez.. j'aime beaucoup Esterella qui est une très charmante et très talentueuse – je le dis, parce que je le pense – camarade, mais nous n'avons.. allo.. allo
Vous êtes un home moderne dynamique. Vous vivez intensément. Pourtant parfois vous éprouvez le désir de vous détendre, de vous retrouver, de vous récupérer. Vous prenez votre voiture. le moteur tourne puissamment. Un bruit familier. Vous revivez. Rassuré. Et vous partez confiant détendu
GROS TRÈS TRES GROS PROBLÈME, SURTOUT DANS LE CONTEXTE DE MATCH AU SOMMET OU LA FORCE DE FRAPPE ET DE DISSUASION DU PACK D'AVANT DE LA PHALANGE LOURDAISE PEUT TENIR EN RESPECT L'ARTILLERIE GALLOISE, ET, PSYCHIQUEMENT LE DEBAT PEUT SE TROUVER FAUSSÉ CAR LE DIALOGUE ENTRE LE ROMANTISME DE NOTRE RUGBY ET LA CONCEPTION RÉVOLUTIONNAIRE DES
Ce que demande le public, c'est l'évasion. Quand des gens viennent après une représentation me dire, comme cette brave dame, l'autre soir dans ma loge : Vous êtes un bienfaiteur ; vous avez fait rire ma mère, vous avez fait rire ma grand-mère, et ce soir vous m'avez fait rire merci. Aussi ne
Mais voyons, ça n'est pas une politique c'est une nécessité, un besoin, un désir d'un public jeune, qui aime la jeunesse, or qu'y a-t-il de plus vivant, de plus jeune, que la jeunesse ? La jeunesse est jeune c'est pour cela que notre maison de disques qui est jeune aime les jeunes.
GRRRRR
IL FAIT GRRRRR
VOTRRE MOTEUR
PARCE QU'IL Y A
UN TIGRRRE
A L'INTERRRRIEURRRR
Vivre, vivre.. Mais pensez-vous que les gens aient envie de vivre réellement ? Ils préfèrent partir en week-end, ils préf... leur Mercedes, leur réside... secondaire, leurs spo... d'hiver, leur apparte... Avenue Foch, leur...
D'ailleurs dan... ma dernière chanson, le th... mon dernie... 45 tours qu... directeur artistique
Débordait tout ses adversaires et à l'entrée de la ligne droite pour un rapport de 128 Francs pour 1 Franc.
c'est une ques... a 1.000 Francs. En quelle an... DALIDA a-t-elle... son grand succ... BRAVO
Vous nous repassez l'antenne des qu'elle arrivera. D'ailleurs je reçois une dépêche il parait que tous les bru... concernant son divorce
humain ... ominand ... ructif ... amene ... revenu
A
JE UNE
SOCIÉTÉ SUPER
DE CONSOMMA...
ART
CULT...
INFORMATION
LE RO... PREPO... QUE JOU...
BRAVO ! Vous avez gagné 1000 Fra... Vous continuez ? Est-ce que vous v... continuer Monsieur Paul LAMB... Monsieur LAMBERTIN. Et non pas BERTON, excusez-moi. Vous conti... BERTIN, j'ai bien dit cette fois. ... continue. Bravo ! c'est une question... nant : qui – quel ou quelle interprè... au Festival d'Antibes de 1967 la... remporté la Rose d'Or, et quelle ... cette chanson ? Vous dites ? Oui ... 2.000 FRANCS ! BR...
REXO...
DEODORA...
JEUNE DYNAMIQUE DA... LES JEUNES DEMANDENT AU... EPOQUE DE DYNAMISME ET D'... QUE RECLAMENT NOTRE FORTE ... ET DE PROGRES TECHNIQUE ... CHAQUE ETRE HUMAIN MA... TOUTE SA VOI... TOUT SON... AFIN QUE NOTRE SOCIÉTÉ SOI...

z.. Nous sommes entre nous.. rien qu'entre nous... ça te rapporte.. je veux dire.. tes chansons marchent très fort en ce
nent. Est-ce que le fait d'avoir de l'argent.. car tu as beaucoup d'argent maintenant fait que tu es psychiquement
que.. choqué est un bien grand mot.., Disons ebranlé da[…] tes convictions, dans cette sensibilite, ce
antisme - car tu es un romantique n'est ce pas? et il […] se […] le mais, Robert, je ne comprends pas bien ta question
dans mon dernier super 45 Tours les quatre
sons que j'ai composees sont de la meme inspira-
- tu connais mon goût pour l'époque, la grande
que de la conquête de l'Ouest

ILS SONT JEUNES
ILS S' AIMENT
ILS VIVENT DANGEUREUSEMENT

Dans un cadre charmeur. A trois minutes de la place
de l'Etoile. piscine climatisee, pierre de taille, conception
jeune : là, le coin barbecue. Ici le drink qu'on savoure entre
amis. Mais qu'est ceci ? n'est-ce point? Mais si! c'est une
moquette livrée gratuitement avec l'appartement dans un
cadre charmeur. A trois pas de l'Etoile et deux enjambees
des cafes de l'Elite Intellectuelle. Sept Frères et soeurs ? mais
c'est très bien ça ma petite Mireille !.. Ils chantent aussi? Mais
si! il faut les faire chanter!.. Johnny votre tonton artistique il
veut pas? Si! il veut bien. C'est bien! Maintenant ma petite Mimi
vous allez nous chanter cette si jolie chanson sur la libération
envoyez un gros mimi a tous vos amis
Paris, et auparavant
ça y est elle a fait un gros mimi a tous ses amimis

ELLE A GAGNE C'EST TRES TRES BIEN!
MERCI
MERCI A SALUT LES COPAINS!

MOQUETTEZ. VOUS
BOUTO[…] D'O[…]
3 CONT[…]

AX
SUPER
LE CHEVALIER BLANC
NOTRE
ROTI

Théorie selon laquelle les infimes
particules de super détergent **X27** qui
contenues dans un millimètre cube de
GENIUS etaient destinees a nettoyer
ca n'est pas faux, mais c'est incomplet
le super détergent X 27 a aussi le pouvoir
de consolider la texture infra structurees du
tissu et encore une fois merci aux chercheurs

Eh bien chère Madame, je vous suis reconnaissant
de me poser une question aussi interessante. Et je
vais tacher d'y répondre le plus precisemment
possible. Avec le plus de precisions que je le pourrai
durant ces quelques minutes que me dispensent genereuse-
ment

GINZANO
L'APERITIF
CULTUREL

refonte des Structures nécessaires
des bases de notre societé qui doit
operer une mutation qu'appelle cette epoque
que l'on qualifie d'epoque de transition entre
dans l'ordre de nos preoccupations, cette refonte necessaire
s'effectuera a la fois dans les Structures necessaires a l'or
ganisation de notre societé telle qu'elle doit être dans
notre periode de mutation, et aussi dans
l'organisation

LE VOILA
LE CHEVALIER
BLANC
AJAX

En fait c'est page de publicité. le contact
avec le public car interpréter une chanson
c'est, quand on est en contact avec le public c'est
un peu comme faire l'amour avec le public. On fait
aussi l'amour avec son métier bien sûr, et quand on est
sur scène et qu'on se donne avec sa chanson - car il s'agit de son
ame et de son corps que l'on donne en chantant - on fait l'amour
avec son public et comme on ne fait pas l'amour tout seul, le public
lui même fait l'amour avec nous En fait on viole le public.. ou
plutôt, en y réflechissant je me demande si ce n'est pas le
public qui nous viole plutôt en nous demandant de nous offrir
a lui. Le cri de l'amour est le message - je sais bien que message
est un bien grand mot bien souvent employé - mais enfin, toute
bonne chanson est une cont estation autrement dit un message
et ce message est le cri d'amour entre le public et l'artiste
200.000 disques vendus d la premiere semaine résultat du
TIERCE rapport 127 Frs p Frs ce qui est un resultat apprecia
ble

on,
n
r LAM-
Bravo, il
cs mainte
etait,
i a
e de
C' GAGNÉ

nes
les
s
RANT
l
XPANSION
ONS QUE
DOIT

PALMILAVE
VAISSELLE
DOUX DOUX
DOUX

Femme libre
AVEC
librex
POUM
POUM POUM
PRIX
libre
sempé

© Mette Ivers

Jean-Jacques Sempé, le 12 juillet 1967.

L'Information-Consommation était épuisé depuis 1975. J'ai souhaité sa réédition, car, enfant, il me faisait beaucoup rire avec ses dessins de la ville telle que je la vivais : ses gigantesques publicités, ses slogans répétitifs et ses marques ridicules.

Je n'y percevais pas, alors, sa dimension politique liée à l'actualité de 1968, ni sa critique de la société de consommation. Ces thèmes font écho à l'époque que nous vivons.

En vidant son appartement, j'ai trouvé un grand carton à dessin jamais ouvert depuis, compressant des quotidiens de mai et juin 1968, preuve du fort intérêt de mon père pour ces événements et leurs combats.

Le livre parut en 1968 dans un petit format. La présente édition reprend les larges dimensions de ses derniers albums. Afin de restituer la finesse et la qualité du trait de mon père, la gravure a été faite à partir des nombreux dessins originaux encore accessibles. J'ai voulu l'enrichir d'inédits, variantes, études de personnages ou de foules qu'il avait réalisés à l'époque et conservés dans un même carton. Ces ajouts devraient intéresser les amateurs de son œuvre.

Inga Sempé

Dépôt légal : octobre 2023
ISBN 978-2-207-25775-3 / Imprimé en France
Achevé d'imprimer par Pollina à Luçon en octobre 2023
Numéro d'impression : 47859 / Numéro d'édition : 139018

— J'ai une très bonne nouvelle pour toi, JOHN. Pour toi et pour tous les copains : Il parait que tu es en tête du hit-parade des Chaussettes MICHEL-ANGE. Ça fera une vente d'au moins trois cent mille disques, car (je sais ça de source générale-ment bien informée comme on dit) ton dernier disque a fait 300.000 je crois...

— 350.000 pour "Seul sur mon cheval" et 400.000 pour "No money for the poor man"

— Ça fait combien de ROLLS, ça ?

— J'ai pas de ROLLS, je préfère la Bentley...

— Tiens... pourtant, il me semble t'avoir vu au Festi-val de SAN-REMO dans une ROLLS somptueuse, en compa-gnie d'une jeune personne blonde non moins somptueu-se je dois dire... c'est exact ?

— A la vérité, Roger, tu fais une légère erreur : à SAN-REMO je n'étais pas avec une blonde somp-tueuse...

— c'était une brune alors mais oui ! je me rappelle la blonde c'éta à l'EUROVISION. Tu vois John, qu'on ne peut rien nous cacher...

C'est ça qui me trouble : ils sont tristes. Mieux que ça : avachis.. ils sont avachis.. Pourtant il n'y en a que pour eux : c'est un fait, il n'y en a plus que pour les Jeunes.. Eh bien malgré ça ils sont tristes.. Pourquoi ? Absence d'idéal. C'est ça et pas autre chose : absence d'idéal.. Parce que leur soi-disant Révolution, Elle a avorté... Pourquoi ? Toujours

pareil : ils n'avaient pas de programme.. Ils voulaient bien tout détruire, mais rien reconstruire..

C'est ça, ils veulent bien tout casser, mais construire, ça non !. La rigolade, toujours la rigolade... Même pas..

ils ne s'amusent même pas !..

Sans aller si loin... il y a quelques années, on pouvait encore se distraire.. maintenant.. où aller ?.. plus personne ne s'amuse.. Pourtant je me rappelle..

Parle pour toi. Pendant ce temps, la bonne femme restait à la maison..

Comment? Allô!. Je vous entends très mal.. Allô.. oui? Madame comment? Madame LABOUMET c'est ça? comment? Ah bon.. LAPOUMET.. Excusez-moi, j'avais compris LABOUMET, eh bien Madame LABOUMET voilà la question : Pouvez-vous me dire quel est le prénom du 3ème frère de Mireille, notre Mireille Mathieu Nationale?.. Allo?.. Comment? Bravo! Vous avez gagné Madame LABOUMET, Comment?.. Ah oui, Excusez-moi Madame LAPOUMET, j'ai bien dit cette fois.. Eh bien Madame LABOUMET vous avez gagné un Super Coffret de SYMPAX, contenant 3 Super flacons de SYMPAX
Merci beaucoup Monsieur SYMPAX
mais c'est nous qui vous remercions Madame LABOUMET.. Comment?.. Oh! Excusez-moi, Madame LAPOUMET.. Et nous vous félicitons pour
Eh bien non. je ne suis pas d'accord avec nos conf britanniques. J'ose le dire. dire bien haut. Pour cela il se reporter dans le context ce match au sommet au c quel la conception spécifiqu Révolutionnaire et le Roma de notre Rugby National n'
GRACE AUX MINUSCULES PARTICU-LES DE TETRACHLORING X27 INCORPORÉ VOTRE TEINT SERA
KNAR CUISINE JEUNE
obtenu la Super Rose d'OR du Super Festival de la Palme d'OR de SAN REMO. Ce qui représente une vente de combien environ? 300.000 disques.
Nous sommes sur la place de l'hôtel de Ville. Tous les amis TRAFILEX sont là. Je me permets de remercier personnellement et au nom des Etablissements TRAFILEX Monsieur LORAPEUX l'infatigable animateur du club local des amis de TRAFILEX, les fameux TRAFILEXOIS et les TRAFILEXOISES. Nous allons tout de suite demander à nos amis de bien vouloir écouter la première question de notre grand jeu TRAFILEX
C'est dans un souci de compré et dans un complet désir s d'un dialogue plus profon des structures
Sans chauvinisme aucun, on ne peut que constater que le cinéma Français occupe une place de tout premier plan dans le concert Européen et même Mondial, et
Nous avons to les exploits d qui pendant l'élite du tenn equipe de Fra épopée de la SUEDE, en 195 merveilleuse taires, eux, e
A notre époque moderne, où tout le monde s'évade, dès le Vendredi soir vers sa maison de campagne, où tout le monde possède une ou plusieurs voitures, il est grand temps de penser à cette nécessité : l'organisation des loisirs. Aussi nous
VOUS MONTEZ DANS VOTRE VOITURE. VOUS METTEZ LE CONTACT. GRRR.. 60, 70, 100, 130... 150.. MAIS IL Y A UN TIGRRRE DANS VOTRE MOTEUR !!...
capable de doter la France d'une force de dissuasion digne des conceptions modernes de la stratégie militaire de notre pays,
Mais i avis de p Jeunesse! L beaucoup qu'on ne le ils travaille blème est le ceux qu ceux ler
D'ailleurs, il suffit de voyager un peu, et on s'aperçoit combien la Culture Française est aimée, respectée, enviée même. Ce rayonnement de la France est d'ailleurs une des choses qui font que
TOTAL VOUS DONNE TOTALEMENT SATISFACTION VOTRE MOTEUR VOUS DIRA
fait que l'on est fier d'a